U0129423

時光問答

落　蒂　著

文史哲詩叢

文史哲出版社印行

國家圖書館出版品預行編目資料

時光問答/ 落蒂著. -- 初版. -- 臺北市: 文史
哲出版社, 民 110.03
　　頁，　　公分. -- (文史哲詩叢;151）
　　ISBN 978-986-314-546-2（平裝）

863.51　　　　　　　　　　　　110003936

文史哲詩叢　151

時　光　問　答

著　　　者：落　　　　　　　　　蒂
出　版　者：文　史　哲　出　版　社
　　　　　　http://www.lapen.com.tw
　　　　　　e-mail：lapen@ms74.hinet.net
登記證字號：行政院新聞局版臺業字五三三七號
發　行　人：彭　　　正　　　雄
發　行　所：文　史　哲　出　版　社
印　刷　者：文　史　哲　出　版　社
臺北市羅斯福路一段七十二巷四號
郵政劃撥：16180175　傳真 886-2-23965656
電話 886-2-23511028　　886-2-23941774

定價新臺幣二六〇元

二〇二一年（民一一〇）三月初版

謹以本書

獻給

愛妻靜帆

序

楊允達博士

　　詩人落蒂，本名楊顯榮，是台灣詩壇資深的詩人和文學評論家，著作等身，作品曾刊登台灣，泰國，印尼，中國大陸，和美國華文報紙和雜誌，曾任「風燈」詩社主編，《文學人》季刊主編，以及享譽海內外的《創世紀》詩雜誌社長。

　　這位創作多元而又多產的詩人，作品有評論《中學新詩選讀 ── 青青草原》、《兩棵詩樹 ── 詩神的花園》、《詩的播種者》、《尋找詩花的路徑》、《六行寫天地》、《大家來讀詩》、《台灣新詩人論》等七部。詩集《煙雲》、《春之彌陀寺：落蒂詩集》、《中英對照落蒂短詩選》、《詩的旅行》、《一朵潔白的山茶花》、《詩寫臺灣》、《風吹沙》、《大寒流》、《鯨魚說》等九部。散文集《愛之夢》、《追火車的甘蔗囝仔》、《山澗的水聲》、《落蒂散文集》、《落蒂小品集》、《書香滿懷》、《孤鳥飛行》等七部。曾獲新詩學會優秀詩人獎、詩運獎、詩教獎、文藝協會評論獎、

五四「詩歌類榮譽文藝獎章」。詩作多次入選多家重要版本詩選。

　　落蒂個性隨和，默默耕耘，不求聞達，一生奉獻教育，提携不少青年學生，成為事業有成的社會中堅份子。他以學生的成就為榮，自己安於平凡簡樸。現在他又推出新作，結集出版，可喜可賀。

　　這本詩集收有詩人的近作几十六首，分為四輯，「第一輯・時光問答收有二十八首；「第二輯・夢田」，共有三十七首；「第三輯・你要再來嗎」，收有近作十六首，多為旅遊感言；「第四輯・隨想曲」，收有十五首。

　　閱讀落蒂「第一輯・時光問答」，對他的情感率真，詩中蘊藏的佛理玄思，禪機精深，感悟良多。例如：「一切都恍恍惚惚 ／ 是我在譴責時光無情 ／ 或者是時光在譏笑我無知」。(見〈時光問答〉，2020 年 1 月 21 日《人間福報》)。例如：「在歷史的潮流中/我們也和魚一樣 ／ 嘩嘩而過 ／ 溪石仍流在溪底」。(見〈等待〉2020 年 4 月 6 日《中華副刊》)。例如：「你聽到那樣的鐘聲會流淚/你不再上課不再有年輕氣息環繞 ／ 四周都安静起来/安静到淚水滴落 ／ 竟然有聲的滴落 ／ 虛空的滴落」。(見〈閑愁〉2020 年 12 月 29 日《中華副刊》)。

　　「第二輯・夢田》，可以說是落蒂的情詩專集，共有三十七首，其中寫給靜帆的竟有三十首之多，也足見這位年逾古稀詩人的多情和瀟灑。例如：「為了替你 ／ 擋風擋雨/我是你 ／ 一隻小小的傘 ／ 一片小小的帆/不論妳/航行海上 ／ 不論妳 ／ 走在險崖 ／ 或者在噩夢邊緣 ／

我會低飲妳如星光的淚珠」。(見〈只要〉2020 年 6 月 3 日《人間福報》)。例如:「妳是無形的繩索/牢牢的套住我 / 不至於 / 失控如暴衝的車「。(見〈其實妳知道我〉)。

　　落蒂擅長寫遊記,經常出國旅遊,或在台灣走透透。他應邀至高雄文學館及各地圖書館、大學、高中演講。多次以台灣代表團顧問的名義參加在台灣舉行的「世界詩人大會」!並曾到北京、湖南、湖北、貴州、四川、雲南、廣西、廣東、江蘇、浙江、新疆等地文聯訪問坐談;至海南、黃埔、珠海、桃花潭等地參加詩會;以及在北京現代文學館討論現代詩。足跡遍及歐美和中國大陸,並且在旅途中,仍有作品問世。

　　今年由於新冠肺炎襲擊全球,落蒂無法出國,祇好在島內行走,僅有十六首收在第三輯,寫的是本島山水人物。例如 :〈馬鳴山神廟〉,〈杉林溪〉,〈記拉拉山之行〉,〈南仁湖〉,〈漁人碼頭〉,〈旗津海岸〉,〈宜蘭吳沙紀念館〉等。所到之處,不論是寫景或是述事,運筆精巧細膩,刻畫深入淺出,情景異常感人。

「第四輯‧隨想曲」,收有十五首。落蒂在這一輯彰顯出他篤信基督教而又深受佛家影響,恆常借重宗教力量發揮他的人生觀。例如:「啊!我夢中的月光 / 那樣柔和無塵透明的白/在那樣的境界中我找到 / 那失落的羔羊」。(見〈隨想曲之八〉)。例如:「那是一種無為無不為的片刻 / 某種意識的排除 / 更摒棄異樣的氣味 / 煩悶不在、恐懼不再……靜定到像一種神蹟 / 從來一直不解的五蘊皆空 / 竟然如度一切苦厄到來」。(見〈隨想曲之六〉)。

　　落蒂在這一輯中，透露了他有時會承受來自詩壇內外的譏評，並談及他對詩人爭名奪利之不屑。例如：「有一種無可奈何的情緒 ／ 靜坐如一座不動的寺廟 ／ 無論清晨或黃昏 ／ 白天或黑夜 ／ 電線上坐著一整排麻雀 ／ 譏笑吵鬧不停」。見〈隨想曲之七〉）。例如：「讓原訂計劃的建築仍依著藍圖 ／ 逐步將該除的草該犁的田 ／ 都在今夜完成」。（見〈隨想曲之八〉），意思是克制自己，忘卻外來的冷言惡語，不要中他人之計，被惡人打倒，必須一秉初衷，專注經營自己心愛的詩園。

　　詩人年逾七旬，看透人生，最後發出如下的感嘆：「短短幾十年人生 ／ 或聚或散/或沉或浮 ／ 都各自駕著生命的小舟/航行在一片茫茫海上 ／ 或迷或悟 ／ 即生即死」。（見〈隨想曲之十二〉）。

　　落蒂的詩，如同其人，樸實平易，真誠自然，開門見山，有親和力，不矯飾，不晦澀。他屹立在台灣詩壇將及一甲子，始終走正路，從傳統中求創新，雖已年逾古稀，仍創作不輟，引起讀者的共鳴，實在令人敬佩。

2020 年 12 月 26 日於台灣桃園《無所畏齋》

楊　允　達　　博　士

世界詩人大會主席

與靜帆在領獎後合影　　　104年五四榮譽文藝獎章獎牌

104年五四榮譽文藝獎章由文建會主委申學庸頒發

與小女兒女婿攝於歐麗葉荷城堡

靜帆攝於頭城農場

作者夫婦攝於頭城農場

與二女兒攝於韓國釜山

與大女兒攝於韓國釜山

與靜帆攝於雲林蔦松藝術高中

時光問答

目　次

第一輯　時光問答

小女孩心中密碼

老奶奶要去三天同學會，小孫女每天寫：我討
　厭星期二，我討厭星期二，我討厭星期二……

老奶奶問：

小乖乖，妳討厭什麼啊！

小女孩：討厭同學會，因為星期二奶奶同學會
　不帶我去，我討厭星期二。

後來又每天說：我討厭星期一，我討厭星期一，
　因為星期一明天就是星期二。

老奶奶又問：那妳喜歡什麼啊？

小孫女：我喜歡星期四，我喜歡星期四，星期
　四奶奶回來會帶三天禮物給我。

三天同學會結束了，老奶奶回到家看到小孫女
　寫滿：我喜歡，我喜歡，我……

老奶奶拿出一大包等路：小乖乖，妳喜歡這
　些……

不，不，小女孩衝過來抱住老奶奶：我喜歡奶
　奶，在老奶奶臉上猛親……

啊！小女孩心中藏著多少草間彌生的萬千小圓
　圈密碼啊！

沉　默

沉思，在環山步道
四面森林蓊鬱，人們談著遠方
命運掌握在誰的手中，那兩個國家
時起糾紛衝突，時而談談打打
砲聲為誰爭執
如環山的步道一再的迴旋
一再無法寧靜，思想在風中搖擺
風從身邊吹過，腳步顯得零亂
唯有一直狂走，內心才會寧靜
一切都在飄逝，如同一些故舊
遠離原有的歸宿，另覓一個方向也好
在自己的地方，也像來自異域的人士
沉默，問什麼都不回應
就一直狂繞，沿著一座山
唯你在此，所有人都已遠颺
日月星辰仍在按時序運轉
不因誰之存在而存在
你在風中沉默，永遠沉默

2020.07..285j 中華日報副刊

盼

花不開，景明春和不再
歡樂正隨著疫病的來襲悄悄遛走
山坡上飄著黑色的風信旗
大地慢慢暗了，東南西北風
都冷得穿進內心
黃昏的彩霞不再亮麗
野放在擎天崗的老牛抬頭望天
流雲不斷飄過
歌者的聲音瘖啞
春天不再是多感的小女孩
晃蕩在無人的街上
吹起紙屑落葉
掀起沒有方向的風
敵人不知哪一方向哪一刻來
謎　謎　完全是無解的謎
盼望聽到救世的鐘聲
隨著季節的腳步而來

2020.2.28《人間福報》副刊

時光問答

不知是古代現代或未來
也拿著手機
使用 APP
也讓古籍在
腦中放蹄奔逐
更用筆書寫
已失去的青春

許多東西
都隨風而逝
即使擁有這些
也僅剩下一片荒漠

湖畔行吟的少年已蒼老
來到一個夕陽
即將西下的海濱
想起曾經
振衣千仞崗
想起曾經

濯足萬里流
而黑暗瞬間掩至

一切都恍恍惚惚
是我在譴責時光無情
或者是時光
在譏笑我無知

未可知
未可知
那隻鳥
從雲際飛過
不清不楚
叫了一聲

2020 年 1 月 21 日《人間福報》副刊

瞬　間

路
越來
越泥濘
小巷極靜
華屋牆邊
躺著一隻黑貓
世界各地訊息
在每個客廳播放

月兒從烏雲中
探出頭來
彷彿在夜晚
為我提燈
我呆立一會兒
向她凝望
路燈微光在地上
為我留下影子

遙想自古以來

各種類型戰爭
都是剩下
殘破毀壞
和虛無
文學藝術家
也只留下
一點微弱聲音

霧漸漸濃了
遮蔽前方
躺著的黑貓
站起來
急急走入黑巷中
彷彿
掠過
這片土地的一陣風

《圓桌詩刊》第 68 期，2020.06 香港詩歌協會出版。

等　待

我們坐在階前
看河岸前的游魚
隨著流水
一批批而過

在歷史的潮流中
我們也和魚一樣
嘩嘩而過
溪石仍留在溪底

我們的話語
在風中飛逝
社會各種紛亂
以急矢之姿射來
偶而有探照燈光
掃過弱勢族群

撥不開的紛擾
不止息的爭辯
一切都是

不可解的
外太空訊息

心靈的平靜鐘聲
偶而小聲響起
給一點溫暖
給一點綠意
希望
滑過
淺淺的水灣

山中人在敲鼓
鼓聲遍山野
原始
並未崩潰
山林
仍將再起
雨季
總會再濕潤一切
讓草木長出新芽

有夢的人
坐在石橋岸邊
等待
靜靜等待

2020.4.6 中華副刊

浮 雲

浮雲曾遮蔽我的日
曾藏著我的月
日子因而顛三倒四
如今
它又在就我急行的車前
浮現
它後面有人家
或有銀霞
它正在引起我腦波的上下
無法掌控
車子已下交流道

2020.3.15 聯合副刊

閑雲飛過

水是一面明鏡嗎
照著
虛無的我
浮起
一片恐怖的山色
刻痕纍纍
沒有山高聳容顏
沒有樹林翠綠的亮麗
而是一片滿是雲霧的湖光
魚群不再悠遊
荷葉枯萎，菱角未結果
一枝殘荷在晚風中
一切停頓了
鐘聲在遠方響著
那片飄過我心空的雲
逐漸
遠去

閑　愁

你聽到那樣的鐘聲會流淚
你不再上課不再有年輕氣息環繞
四周都安靜起來,安靜到淚水滴落
竟然有聲的滴落,虛空的滴落

不再是琅琅的書聲
是坐對一壁古書的老僧
偶而在書桌旁低頭垂釣
且夢到遠在富春山麓
浙江桐廬的嚴子陵釣台

劫掠者啊！把你的青春
你的一切劫掠而去
你低頭似乎也誦著詩
一切如江水成烟成雲

只剩下滿室的靜

懷想似水年華流逝
只剩下一地閑愁
只能用寂寞排遣的閑愁

2020.12..29 中華日報副刊

孤獨的樹

詩國的催生者啊
你遠遠在邊境繞著
不敢跨進一步
一步即成江湖恩仇
在園中拔草施肥摘花
摘下一朵朵玫瑰
送人是口中説著
送愛花人
説著説著一直喃喃説著
有人不愛花他只愛
桂冠
可桂冠真稀罕啊
來自園外的鐘
鳴著
園中人已走光只剩
一棵孤獨呆立的詩樹

面　對

一群人默默流淚
對著無主的墳
毀損崩壞的碑
碑上刻著某氏某公
是走過歷史
遠去的先人
是穿過無數陰晦朝代廊道
穿過無數已不存在的古國舊城
那些沒留下名字
沒開花也未結果的一切
已遠去的先祖
一直努力盼望
迅速生長繁茂族群
而我們面對著空無
默默流淚
一條乾枯的河
面對
我們

遠方的燈

走在那段青石板路
低首輕吟杜甫的秋興
遠方的燈一盞一盞亮起
一切彷彿初來乍到
彷彿伯朗大道旁稻禾已秋熟
青年騎車而過的歌聲四起
而我在的地方只有小徑青石板
只有我自己的輕吟
沒有和聲
心情戚然妳知
我盼望那微笑
以及那輕揚的眉睫
夜色漸濃
望向遠方
仍有遙遠燈光
忽明
忽滅
一位老兄孤獨的
在樹下
喝茶

辭 廟

辭掉虛榮的冠冕
心思突然高潔起來
劍來劍往的日子
恐怖已極
此刻竟美如晨星
在天邊閃爍
獨自的亮麗嚮往著
那古代隱居的高士
山涯平台的垂釣
寺廟梵音悄悄響在遠方
如同被奪皇位的嫡系王子
攜帶斷琴流浪
沿著沙灘漫步
沉思下一刻
如何走出困境
此時也只能回首
向過去宮闕祖廟告辭
有一片新的田園
正在前方
開展

漏室居手記

種樹、摘花贈好友
在小小的院子中
徘徊

從牢籠中脫困
有一方小小庭園
短而且矮小也斑駁的圍牆
圍不住我向外的眺望
倒是老舊的石磨
在院子的角落
每日向我打招呼

渡海來台的老同事
老是講到他們的三合院
好幾進的叢叢樓閣
一切都是卸妝的演員
髮亂衣服不整

夜晚掌燈時分

亮起和星子從島外旅行中
辛苦帶回的馬燈
日子就這樣
如採桑陌頭的古人
靠一點微薄束脩生活的塾師
將就些
不然呢
村外的野狗叫了
這麼晚這麼稀微
還有誰會來
是要我們
搬進
鴿子籠嗎

微　雨

輪子跑給車輛追
且狂奔過中央分隔島
另外三個輪子殘破
車輛殘破
一起撞在馬路各處
這樣平凡的人生
竟出現非凡的恐怖片
一層又一層的楷梯深入
深入不可解的地底變化
昔日展現特異功能的天空
無言的下起啜泣的微雨
看來只好站在雨中
莫名的狂歌

控 訴

我向虛空喃喃自語
風照吹　鳥照叫　雲照飛
虛空沒有回應

我向群眾喃喃自語
群眾始而抬頭繼而俯首沉思
最後默默流淚

我向神喃喃自語
親愛的主,祢要為我裁定一切
神說你有罪

我把一杯茶
倒在回收箱中
換上一杯烈酒

世紀末

不願看到你站在台上講光明
反而喜歡在暗夜中看你籌劃
用心追尋某種稀世音聲

只有一種情況是純潔而可愛
那是出生的嬰啼
天地顏色亮麗沒詭秘

宴會典禮上的掌聲
虛空而有茫然的味道
讚詞彷彿發出哀悼的氣息

歷來都是如此
遠方寄來的圖片
都偉大而迷人

總是讓人仰望或俯首讚嘆

其實你如候鳥棲息過多處荒涼野地
見多了被敲碎的銅像

就是世紀末了
一切都如同
沙洲上野鳥零亂的腳印

走就走吧
還唱什麼唱
誰聽

一無所有

你和我中間隔着一條河
在風中説話各自飛向一方
兩條相背的路未有交會
研究不出裂縫的結
也找不出新或舊的論點
漫天的飛雪飄在風中
看不清彼此的面容
河水在亂石間穿流
形成一個一個泡沫或漩渦
環繞著無盡的小丘
濤聲不絕而去
我們各説各話也一直緊緊互相盯著
誰也不願放棄
除非有人點燃某種引信
自古以來就有的人生演義
仍然如追魂者在周遭盤旋
爭執再爭執
最後都奔向死亡的山上
我們換個房間
你説

劫

有危急時刻而發的尖銳呼叫
沿著沙灘而來
我回首一望
後面竟是一個一個伏臥的死者
涼風吹來穿透心臟
發抖的渴望援兵快至
而見到的只是激情洶湧的海浪
以及無目的飛翔的鷗鳥
誰來引導前行
誰握有強大的救援能量
此時滿肚子四書五經
一句也派不上用場
若能像水鳥長出翅膀
急飛而去就是大大恩典
正在危急中找不到逃命窗
竟從惡夢中驚醒
原來自己仍困在數十年前的那場劫難中
他說
這故事聽多了

英雄與戰馬

騎著
戰馬展現英姿
與
成千個自己一起
排排
站在荒郊野外
不知
時間之飛逝
已幾十年

是否仍會想起
曾經
讓天地捲起一片黃沙
曾經
讓血流成河
萬民也曾歡呼
更曾哭聲震天
如今被罰站在此

是否仍會想起
秦嶺的大風雪
關山的皎潔月

心中的劍已斷
可還是
當年那支驚虹一劍
旗已焚毀
可曾是
那照落日的大旗

在此
荒野的長河歲月
可也有
馬鳴
風蕭蕭

《台客詩刊》第 23 期

對 望

沿河岸漫步
遇到
一隻烏龜
在鵲鳥搭好的橋
正在對另一隻說
在整條河裡
你是我找了又找
尋了再尋
可以相望到天長地久
而不願離去的伴侶
於是
你望著我
我望著你
痴痴的凝視
在七夕
留下永恆的
見證
而這衹是故事
人們毫不厭煩訴說

咳

許多紛擾的感覺
在此刻奔來
敲我心窗之門
畏縮的月光消失之後
星光偷偷躡足而至
幾聲病瘦的咳嗽
在日子的蔦蘿花架下
咳著咳著
咳出一首
詩

人生

名利在
人們的血管中奔流
光照在
急切的臉上
白天和黑夜顛倒
擦去額頭的汗水
又有熱氣
在鼻尖衝撞

感覺到周身附近
都是犬吠聲
聽不到什麼是
心靈的樂音
都是烈火
狂燃的嗶啵煩心章節

每日走過的都是
茫然的路
以及

搖晃不已的危橋

星空中飛過的黑蝙蝠
轉了幾圈後停在前方的屋簷
屋簷下燃著一堆野火
野火上招牌閃著
落拓旅人的夢園

《人間魚詩生活誌》第四期

賭　局

仍然故我毫無路線的
修正
他朝著沿途佈滿荊棘的路
前進
仍然處處是執飛鏢的人
他昂首談風談雲
絕不低頭看那些
蒼蠅蚊子的屍體
絕不，他咬著嘴唇
絕不計較紛擾
那話題已不新鮮
政客早已用濫
有沒有漂亮一點的新路子
不是那鋪滿
老舊青苔的木板階梯
不是到處都是
睜眼的傻子石頭路

要的是清新的藍圖

方向對的指南針
撤掉那失能的臉譜
乾掉手中的那杯烈酒
狠狠的擲下
最後一把骰子
他竟招呼大家
再到另一個場子
重開一局

滿山滿谷的白

陽光越亮
心境往上爬
從我們樹上鳥巢
飛出去的雛鳥
聲音悅耳
越來
越亮
四處回應著
正在擴大樹蔭的老榕樹
再也不是
昔日的含羞草
高山瀑布的畫
掛在
雪白牆上
把日影由東向西移的是
整修老房子的工人
正吃著鮮綠的果子
是遍地華八仙
也有日日春

不再是那小茉莉
滿山
滿谷的
白

《大海洋詩刊》第 100 期

劇 終

幕啓時
四處張望無人

也不知那樣的日子
是如何渡過
只記得都是破碎零亂的腳印
從濃霧中出來
向黑夜告別

卻又走進一叢叢迷踪森林
四周都是愁緒在織網
都是邪惡的眼光
希望之星仍在遙遠天際
殺手的暗箭從四面八方射來

鬼魅的猙獰面孔在暗處閃爍
心中一盆盆花開開落落
俠客已從流浪中歸來
坐在門前悻悻然

看著某些影子離去

雨開始下了起來
幕漸漸降下
不願離去的觀眾
一直默默的坐著
滿臉寫著我不服

幕再啓
台上依然空無一人

超 神

我用這一世的手
撥開龍眼外殼
吃掉裡邊的果肉
驚喜裡面竟然藏了一顆
前世的眼睛

我以這一世的眼珠子
和它對望

突然有來世的一首詩
來到面前
並且以我們懂得的語言
開始朗誦我們看不懂的字
且把我引入更迷糊的荒野

我們對它和朗誦者
表示歉意
因為不懂
不懂詩中再三暗示的涵義

只好

以更未來世代的心情表示
將來的將來
我們一定
一定以更前衛的解剖刀
將它仔細分解
並且加註

直到註了又註
一路蛀到底的書
在雲端出現
並頒發大大的一張
某大的某某證書
證明

證明你果然超神
超過世上所有的神

2021.01.31《自由時報》副刊

我就知道

我就知道
遇見妳
我會
肝膽
俱
裂

我就是不知道
妳是否在東
東邊是一堵牆
我更不知道
妳是否在西
西邊是一面緊閉的窗

妳在南
妳在北
我不知道
我真的不知道

我正想悄悄的撤走
妳卻在後面
後面形成一巨大黑影
迅速佔領所有空間

我奔向前
逃向後
左衝
右突

我就知道
幾千年來
妳就一直
伺機而動
我戴上口罩
拒絕妳的吻

妳卻從細縫
悄悄穿越

我穿上防護衣
以各種手段拒絕妳
妳千變萬化
企圖攻城
掠地

我就知道
妳一親近
我就會肝膽俱裂
肝膽
俱
裂

2020.4.30《中國時報》副刊

第二輯　夢　田

瓶　花

妳是一瓶立在我書桌旁的花
每看到我寫一詩
妳就含苞開放了一點
再寫一行
又開放了一點
如此一行一行
慢慢的
開
放
直到一首詩完成
妳終於全部綻放
並且站在書桌旁
對我
微笑

只 要

為了替你
擋風擋雨
我是你
一隻小小的傘
一片小小的帆

不論妳
航行海上
不論妳
走在險崖
或者
在噩夢邊緣

我會低飲妳
如星光的淚珠
我會護衛妳
無端的哀愁
只要妳
從黑的夜中驚醒

我一定
在妳身邊輕聲撫慰

只要
你打開窗
妳就會
看見
月色星輝
聽見
平安夜的歌聲
那是我
一生一世的誓言

2020.06..03《人間福報》副刊

其實妳知道我

妳知道我的心
怕我被黑鴉痛啄
怕我墮入迷人
粉色蝴蝶谷
更怕我
一直在山風海雨中狂奔

妳知道沒有人可以駕駛
那一直到處狂繞
到處飛起又跳下
滿山滿谷的飛躍之精靈

而妳一直知曉我
一直站在我身旁
隨我東奔西竄
妳隨著我的路而彎進彎出

妳是無形的繩索
牢牢的套住我

不至於
失控如暴衝的車

其實我更希望
妳陪我去山林野外
看風雪的世界
瞭解那些弱小的生命
是如何以身體對抗
鋒利的刀劍

2021.03.15《中華日報》副刊

磨　墨

靜夜我寫詩
妳一直磨著墨
妳一圈一圈
用心磨著
由淡轉濃
我的詩
一行行
由淺入深

妳在磨到中途
用力
旋轉了一圈
我的詩
也在中間的
河海中
掀起一個
漩渦浪尖

妳加水
再磨
由濃轉淡

我的詩
也由艱澀
轉入淺白

磨到中夜
水漸乾涸
我的詩
也在一個句子中
留下
瘖啞的
飛白

妳望著外面
濃黑的的夜
停止磨墨
我也望著妳
讓未完成的詩
面對
夜的黑

夢 田

四野都是甘蔗田
夜晚的風吹蔗葉
讓我們驚恐如在暴風雨中

妳朗讀著茨維塔耶娃的詩
詩句便像安魂曲
柔柔的環繞著我們

我們的小屋變成海濱夢園
海灘在四周演奏海濤音
風雨過後的星月

在我們小小院子亮起
妳仍繼續的誦詩
而我痴痴的在旁邊

安靜的聆聽著
這是我們所擁有
千萬畝千萬畝的夢田

風雨中的小舟

一艘狂風暴雨中的小舟
妳穩住它掌著舵
免於沉没的我仰首
看見那希望的光
妳放一個盆栽
讓它自在爭生
從未修剪
妳說你就自在的
橫刀向天狂笑吧
妳就把去留的肝膽
放在
放在兩座崑崙山上
而瀟灑一番吧
天黑天亮是大地的
自然

2020.9.17《人間福報》副刊

妳是我唯一的指引

── 1974 年給靜帆的詩

陪我走過泥濘渡過險灘
揮別昔日的塵埃，苦難的印記
妳是我唯一的指引

妳是我唯一的指引
告訴我遠離黑色的河流
奔走在青色的山坡

青色的山坡，美麗的夢園
春日百花開後仍會凋零
何苦在意天際冷冷的秋月

冷冷的秋月懸在天際
昂首走過心煩的季節
霜雪冰寒的季節

妳是我唯一的指引
給我希望的紅花
帶我走進夢想的宮殿

給靜帆的詩 之一

讓妳微微的驚懼
讓妳一直耐心安撫我勿衝動
翻過那一頁頁日記
竟然已是半世紀近一甲子前
讓我們正負電極交流
讓我們的血液和血液互通
心跳的頻率趨於一致
讓我們攜手在禁地企圖突圍
一起祈禱高牆倒下
固若金湯的牆出現裂縫
讓我們的詩筆在監視器下塗鴉
因為不隱晦所以常塵爆
讓一再被刪的情留下少數悲涼
記憶疊著記憶
噩夢反覆了又反覆
我們一起低泣如低音大提琴
波紋湧動著波紋
潔白的小茉莉存在微微清芬
已夠讓今夜的燭光不再顫抖

給靜帆的詩 之二

一直望著那傷口
妳問我痛不痛
我淒然一笑
像水中的倒影
有時晃動如漣漪
有時清晰如殘荷
總之半世紀了
早就結疤
只是它像一隻黑色老田雞
時不時就咯咯亂叫
生下的都是
殘缺不全
纍纍亂石

給靜帆的詩　之三

翻開那一頁日子
便有黑潮像一尾毒蛇游動
而且緊緊貼著我的心
撥不開的死貼著在內裡盤旋
船已開走了半世紀
而我仍常回到港邊看啓航
夜霧的港都船雷的悲鳴
風冷冷的吹著
關於這一切我一再擦拭
一再抹不去的像一隻大烏鴉
黑色盜魂者一直等距離站著
滿天飛的小蟲舞動著
妳是那樣安靜的陪在我身邊
為我吹走從內心升起的冷氣團
為我指出人生的星圖
以及
夜船的方向

給靜帆的詩　之四

為妳寫著山路的狂草
那些九彎十八拐
那些三十六迴轉以及
七十二盤旋
寫著海邊的浪聲和鳥啼
畫下遙遠的河灣
站在郵輪船邊
訴說捲起的水花
如雪般清晰的記憶
如黑部立山的雪牆
鮮明的立在那裡
夢從普吉島的飛傘上滑落
妳輕輕以腳尖打著水面
沒有節奏沒有拍子
交代了那一切的一切

給靜帆的詩 之五

開山路轉樹林街
荒涼歲月
沒有人行只有冷風
法華寺低低的梵唱
竹溪寺在遙遠的南邊
有一條小溪流過
沒有花香
祇有農民耕作的五穀
只有野兔
也可能有牛羊
鳥兒輕輕歌唱
蟋蟀也呼應鳴叫
陽光照在年輕的臉上
我們坐在田隴
靜待月亮和星光
有許多人生陰影
走過

給靜帆的詩　之六

不是通知你了
我們來造訪山屋
而山的主人說是啊是啊
來的人又去了　去的人又來了
隨意就是隨意
成熟了的果子
仍高掛樹上
未摘
地上落果一些
未掃
山脊上春天的影子
飛動
早知道你會奇怪　早知道
你說過客或知交都如此
見怪不怪
睡了就睡了　走了就走了
山前山後或是約了雨聲
或是約了風
偶而還飄細細的雪花
或是天際
偶而閃過一顆流星

給靜帆的詩 之七

河流是主人水是主人
而我們是浮萍
沒有根的漂浮
順著流水
在那險險的渡口
轉了一個彎
又在那河彎
繞了回去
我們不是什麼　我們只能看海
在出海口看到一片汪洋
那種茫然是我們的一切
我們什麼也沒有
一隻海鳥叫了一聲
「妳真勇敢」
妳說我是海浪中
唯一的高峰

給靜帆的詩 之八

雨，永遠在
窗外
滴滴答答訴說
它不懂我，妳懂我
妳坐在我對面
看著我滴滴答答
有時嘰嘰啾啾
像一隻
受傷的鳥
或者是一隻憤怒的
狂鷹
胡亂飛越衝撞
妳都靜靜坐著
我們
面對面
夜涼如水
月光像河水
從窗外奔入

給靜帆的詩 之九

妳以維吾爾特有的彈撥爾
為我蒼涼的歌聲為伴奏
人生的塔克拉瑪干
無情的沙漠
僅有一個字
存在我們之間
妳說妳是
沙漠中的仙人掌
整夜讓我
專心的看妳
而我心中總有抹不去的魅影
妳說用心觀賞圓月升起
那時噩夢會下沉
下沉到一片黃沙之中
然後升起一把琴
也一樣奏出美好的弦律

給靜帆的詩 之十

妳一直告訴我可以嗎
可以遠離那黑色的暴風中心嗎
可以嗎　可以嗎
急切的哭了起來
那種激勵的力量
加速了我抗拒的力道
不再猶豫
不再徘徊在那困擾的森林
開始研究一種花開
研究一種葉落
那是一切的必然
想過因緣之起滅
想過頓悟的可能
那風雨在急切的迫問
可以嗎　可以嗎
終於是晚霞的艷麗。

給靜帆的詩之 十一

這是真的
人慢慢移動
如同沙灘在逐漸靠近
妳只是微笑
對著那虛幻的桂冠
詩的朗誦是真的
如海浪安撫海岸
腳步安撫沙灘
那是真的
浮標在海天一線之間
移動是真的
那冠冕多麼虛幻
妳微笑著說
妳的笑是真的花
在我心中開放這是真的
太陽月亮星星
何曾要人們為它們加冕

給靜帆的詩 之十二

我飛著　盤旋著妳飛著
有時從滂沱大雨中飛回
妳為我烘乾渾身濕透的外衣
為我擦拭髒臭的身體
理整紋亂的髮絲
那撫不平的心緒用琴聲
安定那波動的靈魂　用詩
妳輕聲誦讀著佛洛斯特
路有多條你不妨走人稀者
人有無數我只有選你
你是我唯一的依靠
妳哭了，繞著渾身濕透的我
一面哭，一面擦拭雨水
是的,妳才是我唯一的
唯一的一切
山一直靜靜站在我們前方
風雨之中更是我們
信心的唯一

給靜帆的詩　之十三

一隻烏龜緩緩
爬著
沒有目標和方向的
爬著
往前方
看到它的樣子和我一樣
相同的緩慢
一步一步接續
沒有停止
在荒涼的沙漠中
尋找水源的焦慮
是無岸的停泊
搖晃的孤舟
遙遠的前方
跋涉後的休憩所
妳是一座
讓我放心的山屋
疲憊的依靠
在我生命崎嶇的山脊
用夢般的小手
彈奏詩的旋律

給靜帆的詩 之十四

她祇說了我就
她祇說了認定
她祇說了是你
唉!讓我搖頭
她又祇說了兩個字
傻瓜
然後
不再說了
祇看著
我
天際出現一朵朵
微笑的雲

給靜帆的詩 之十五

只要花輕輕綻放
便有涼風自高空吹來
周身沐浴在
柔軟的溫馨中
慘白的臉
逐漸紅潤
閉鎖的
心
逐漸
開啓
那位在花園中
每日辛勤耕耘的妳
也早已調好一杯
味美的咖啡

給靜帆的詩 之十六

妳說你需要
需要面對一片千年岩壁
訴說
像斷崖下的流水
一樣
一樣滔滔
不然
不然你面窗而說
窗玻璃碎了
傷你的臉
面對門訴說
門彈出撞破你的頭
你要
你需要一輩子面壁滔滔
像長江黃河
永遠奔騰

給靜帆的詩　之十七

我說妳是傘
在黃山大雪中
妳為我撐住那片片雪花
在泰山的大雨中
妳為我撐住那陣瘋狂的雨
讓雨在傘外
像二戰時美國飛機空襲
像我在慈母的懷抱
被抱著 1944 年出生的小娃
躲過那比雨還密集的掃射
妳說我是那窗
現在妳從我身上看過去
窗外也無風也無雨
更沒有雪花
天地
一片
空
寂

給靜帆的詩 之十八

你哭吧
你的長串眼淚
是掛在我胸前的珍珠
是我長途跋涉在沙漠中的
甘泉
妳哭吧
在妳懷中
妳是我溫暖的港灣
是心中唯一擁抱的花園
妳園中的樹不會
突然倒下壓傷我
妳園中的花朵
是沒有刺的玫瑰
每天給我
淡淡芬芳

給靜帆的詩 之十九

妳一直注視著我
以眼光推拿我全身驚恐的
酸痛
妳一直輕聲朗誦我的詩
以聲音
增強我寫作的
信心
妳一直陪伴著我
讓秋天的腳步
逐漸踏過高高低低的群山遠去

給靜帆的詩　之二十

讓我們的心空著
裝下山邊，裝下水涯
不管是杜甫草堂
或是哪裡的三十三間
只要四邊有牆
竹圍木板均可
那是抵擋風雨
有溫度感覺安全的屏障
讓所有痛楚都留連
留連在群星之間
我們可以餐風
我們可以飲露
美就在夢的追逐中
紛紛綻現

給靜帆的詩 之二十一

風聲雨聲通通貫入
我起伏波動的心湖
妳拿著一個人的聖經
翻開「做一個觀察家」那頁
所有台上的人不都在演戲
一縷細細的簫聲
從遙遠帶來秋天的腳步
踏過我每一個零亂的山頭
妳以一本書要我轉動經輪
一頁一圈、一頁一悟
妳告訴我受傷的皮膚
將會在轉動之後一片一片
尋回　而那些騷亂的聲音
將逐漸遠去
乖巧的貓
在我腳邊徘徊

給靜帆的詩 之二十二

被疫情圍困的鬱悶早晨
出來竟碰見一切都灰濛濛的五月天
一顆露珠從花瓣落下
暈染我一臉春光明媚
何種神奇從炎夏
可以回到春天
妳從園中伸出一隻手
招呼著所有季節
都可以隨時走過
任何時間
都會響起
多瑙河的微波

給靜帆的詩　之二十三

說著說著
花變成愛　樹也變成愛
水甜甜的在心中
我是幾世修來的福啊
妳說我翻過山轉過水轉動千萬遍的經輪
長長的一部二十五史
香汗淋漓的來到此
只為了
遇見你
說著說著
房中的星月都亮了

給靜帆的詩 之二十四

靜靜看妳如
看一朵雲
飄在
廚房客廳臥室的山谷間
變化著各種山色
讓
各種遊客爭艷
只有我是私密山谷的唯一
遊人
自由悠遊在妳的細緻
與
芬芳之無法細描的甜
妳如一艘夢的遊船
載我航行在
星海之間

給靜帆的詩　之二十五

把日子交給日曆一頁頁撕去
把時間一節節交給學生
在聽講、交作業、批改考卷中消逝
把心事交給家事
忙著餵哺嗷嗷小子
日子一天一天過去
偶而把自己放逐
在青山綠水間
驀然回頭竟是一段
起伏顛簸坎坷路
只有風和雪
仍然徘徊在四邊
我們仍然攜手
跋跋在泥濘小路
天地見證我們
孤獨的影子

給靜帆的詩　之二十六

我的人生充滿困惑
每當此時妳總為我讀一首
詩
從不與我談論
天為何而陰
雨為何而下
那些人為何要如此對我
妳總讀著花開花謝
讀著遠處的青山
把它們拉來靠近
讀著庭園的花木
讓它們青翠
說它按季節開花
一次一次朗讀著詩
從未討論我的迷惘
更未進一步尋找處方

給靜帆的詩之 二十七

那時妳來到我生活中
不是一片雲
偶而飄過
而是一根浮木
在急流之中
而我正受困
在生死邊緣掙扎
妳無比堅定
不畏四周的黑
閃動的魅影
妳隨水而東
妳隨水而西
妳也如水中一條魚
游在我的前方
游在我左右四周
引領我前行
要我穿過惡夜
走向黎明

給靜帆的詩之 二十八

妳的嘴唇微動
什麼也沒說
而妳的心意
已從我眼睛灌入腦中
直至心中
我舉起妳為我泡的茶
一口一口
慢慢喝著
慢慢體會
飲之太和
於是
生命力旺盛如
初升之陽

註：飲之太和指飽含天地之氣，而與自然萬物
同化之謂也。

給靜帆的詩之 二十九

一無是處的我
每日總是問
為何
對我不離不棄

傻瓜
愛豈是問得到的
真正的隱者
豈能尋得到

就這樣
傻乎乎的過著
一晃
竟是半世紀
快一甲子

愛
仍不是問得到
隱者
也不在
尋找的地圖中

給靜帆的詩　之三十

懷著興奮莫名的心情
進到一個自以為
可能是浪漫生龍活虎的地方
竟然是進到遠古洪荒
那恐怖的白堊紀日子
無法忘懷，一直在心湖留下
永遠飄不去的黑霧
是妳的理解關懷
在我周邊　築起一道道
防波堤　防止
惡水溢堤而來
而不至於氾濫
不能收拾
有一顆流星
迅速劃過天際

第三輯　你要再來嗎？

馬鳴山神廟

在馬鳴山五年王爺威嚴神壇前肅立
那是神的審判祭壇
每一個小老百姓肅立殿前如我
手執三支清香是虔誠祈求
抑或前來懺悔前半生的不義邪佞
躡足走過所有廟中廊道
黑色的煙霧早已燻黑一切
彷彿在煉獄面對死亡
無聲的走向最後一里河的涉渡
昔日的馬蹄聲戰鼓咚咚
都在神的旗幟下變成
民俗八家將威武吆喝
鑼聲一切儀典中大合唱的拔高音
一世代西去接來另一世代
信仰留著儀式或有更改
留下恆久的神威文化
讓善的根並未全部拔除

杉林溪

一

整個園區花草樹木
都以綽約的風姿
在臉上呈送祝福

小徑紛紛如迷宮
老山洞岩壁上
時間的瀑布
一直為它彩繪
四季風姿不必考究
有閒即可前來
散心

人生各種劇本都在山下
我寧願每次
都困在
杜鵑林道中

聽著
山鳥的啁啾
尋找出路

二

山徑穿梭在
雲深
不知處

飛鳥偶而
會在空中
盤旋

走獸早在
原民狩獵聲中
躲得不見蹤跡

種種遠古的傳說
一再渲染而繽紛
最美的應是
眼前的花開

戰鼓聲已漸停歇
英雄事蹟只存在史冊
煮一壺山泉泡茶

坐在亮麗霞光中
聽著遠方的鐘聲
獨自品茗

山中夜思

── 記拉拉山之行

一砲聲

夜晚看星辰，腦中閃爍著戰火
歷史如一陣狂風吹過
吹走無數人生命
也吹散
無數和樂家庭
是在巡視國土
或是在閱兵
心中竟是一片荒漠
種植了高漲滿園的仇恨
是燒剩的灰燼微光
抑或
昔日馬蹄間
依稀奔騰
忽明忽暗的日月星辰
離開就永遠離開

回不去卻聽得見
那潮聲不止如同
咒罵不停的砲聲

二潮聲

海浪一直來拍門
岩岸卻堅持不開
是遠方雨後彩虹的吸引
抑或是那片大地上毒蟲的囓咬
有人一直站在海邊
猶豫
去或不去
遍地烽火
不願離去也不行
若一直夢回故里
或在形似故鄉的地方回憶
回不去了，那心中的浪一再起伏
深夜讀杜甫
詩句伴潮聲
唱出其中心情

心　境

—記林初埤賞木棉花

也是拍案驚奇的聲音
那烈火般狂燃的紅
曾經與我相遇又轉眼成空
而今與詩人們同賞
一樣的花
大家心上竟是滿滿的情意
木棉花的火紅燒在身上
也燒在心上
往日的記憶從遠方
淹至
一仰首
一朵鮮紅的花
正巧打在我的頭上

在藝術薰風中徜徉

—記海南東坡書院

坐在儋州中和鎮東郊的古建築啊！
引來一群台灣詩人久久的注視
你戴著斗笠的塑像
不論刮風下雨
都瘦弱的立在那裏

近千年前
你的風雨人生
並沒讓你的書屋蒙塵
反而更加光輝亮麗

詩人啊！
人生如夢
你在新舊黨中橫被鞭笞
踏著爛泥摸索前行

時空均限制不了
你的藝術成就
你的詩詞書畫
在長長的歷史夜空中
猛烈閃光
在人們的吟頌欣賞讚嘆下

溫柔的撫慰人們
受傷的心靈

你人生的風雨
已近千年前了
人們還是再三回溯

多少人想像你一樣
也走過多難的山崗
也把生命的印記留下
然而多數在亂草中跋涉
有時甚至在原野中都沒留下
任何一朵卑微小花

人生盡了
夕陽落下
只有少數巨星
在歷史大樹上留下深痕

你在海南和農民
喝便宜酒吃平凡菜
不再舞動快意大刀

得意的大樹是倒了
暴風雨也隨時來襲
在迷濛煙霧中
你的書院矗立依然
依然是
永不消失的藝術薰風

2020.05..13 中華日報副刊

南仁湖

一

晚春的晨光
打開一群人久閉的心扉
導覽美女一面為大家拍照
一面詳細解說
這是島上最後一塊淨土
所有的污染破壞都不會在
稀有的植物花朵為慕名者而開
從未見過的昆蟲也出來打招呼
讓人驚嘆的初見
可以歌唱的瞬間
整個湖被一片綠攻佔
人們的心也被攻佔

二

所有動植物都成為
獨特的風景
一群人都揚起心的風帆

如在珍稀遙遠的星群
人們乘坐的最後救命之舟
怒海中有一絲希望的桅杆
不需說明
誰都知道生活中佈滿食人魚
噬血洶湧的天空
這是僅存的聖地
島再南下就是海
比海更遙遠的是一片
霧般的迷惘

2020.4.22《自由時報》副刊

淡水暮色

── 到漁人碼頭散心看夕陽

沒有桃色門窗
沒有教堂鐘聲
也沒有倒返來的漁船
只有那黑雲
濃濃的一片潑墨
已吃掉整個金黃燦爛

沒有朦朧月色
也沒有浮出紗帽山
只有觀音山上
夜歸孤鳥的鳴叫
讓站在漁人碼頭橋上
成排等待落日的人群
神傷

所有一切
都正在逐漸消失

只留下
落育日下沉前那瞬間
不忍離去的
微光

註：〈淡水暮色〉是洪一峯的成名曲。漁
　　人碼頭大橋前立有歌詞碑文。

心靈拾荒

── 記滿州一間店

港口茶漫延的山坡
人們免不了談論牡丹社事件及其他
有山林就有虎狼
有大海就有魚的爭執吞食
所有一切都在
弓箭和盾牌之間奔跑
在歷史的迴廊間奔跑
海水一次又一次漫氾
越過海堤，攻上山坡
自大洋或海峽升起
各種語言在這裡夾雜
人們臉上最渴望的是
免去戰火
而美夢總像落葉
不知何時會跌碎
開一間小小的店吧

繞過多種困難
把美美的夢布置在各個角落
掛在老屋破損的牆上
滿足飢渴的心上
月光時不時會
從老舊的窗口
偷偷進來撫慰
為遠道而來的空虛心靈
打上滿滿的氧氣

煙雨梨山

1

幾番風雨之後
山還是山

幾番風雨之後
我已非我

2

梨山起伏山陵如人生
雲海飛瀑

早晨
才剛吹響衝鋒號角

下午
竟然一片偃旗息鼓

3

梨山　煙雨
無盡的訴説

煙
只説了一半

雨
也只説了一半

而山靜静站在那裡
什麼也沒説

2020.01.26《聯合報》副刊

尋夢曲

在梨山
微雨的夜晚
一個
溫馨的夜晚
一位
飽飲風霜的旅人
決心
在穿行一個國家
又
一個國家之後
在這裡沈澱埋伏
寫詩
寫書

為梨山的子民
訴說
他們的祖先
如何努力掙扎
訴說

現代人
如何為子孫
建築一個
可長可久的世外桃源

假如有人
把心中的許多藍圖
在這裡施工
讓一顆樹
又
一顆樹成長

梨山
雨後的夜晚
讓
一切的一切
呈現
歷史人文的返航

理想生命的建構
都在這樣
微雨的夜晚
溫馨的
譜成
梨山美好的尋夢曲

吳沙頌

―訪吳沙紀念館

以平民的手勢
篆刻歷史的紋路

日光照耀臉上如何解讀
葛瑪蘭族圍住土地對著入侵者
疫病救星圖像鮮明兀立
隨眾中漳州人一切竟領先
泉粵的雀鳥如何心服不飛離

靜默守著事情在時間中變化
有些隱晦議題
讓它如漣漪自然消逝
一介平民如何轉身一變
而成開疆撫民的英雄

歷史的暮色
只有朦朧的回音

往事沒有在時間中褪色
開墾繁衍的英姿
一直飄動在蘭陽溪沿岸

後記：「由詩人田運良教授召集發起的詩人宜
　　　蘭文學小遊行」，在吳沙紀念館起程，
　　　行程豐富精彩，遊後有感而作。

淡蘭古道

就是
那條淡蘭古道
一段
搖晃的吊橋
升起
旁邊的綠鬱
三五好友
帶著輕便飲食
菊花茶和季節蔬果
就如此
長入水聲鳥語中
視線
常在雲中走入夢鄉

在友情的溫馨下
彼此互相低聲叩問
近來吹何方的風
友人小聲說
都在神秘中
綻放綠意

在意外中
展現芬芳

好棒好美的
一段小奏鳴曲
飄著長髮
以神話之姿演奏
風掀起妳
淺藍色的衣裙

隨著
石碇老街的美食
陽光
是如此溫暖
而讓
山水樂於靠近

古道的轉彎處
突然
有一隻山鳥飛起
凌空而去
弦月
隨著我們
回到黃昏的家

《台客詩刊》23 期

旗津海岸

海浪一陣又一陣
渡輪來回一趟又一趟
和來往如潮水的遊客一樣
而我的思念卻
靜靜停泊在岸上

也想將它化為潮水
隨海浪而去
但心的船纜卻緊緊繫著那年
繫住了我的恨
我的痛

常在心中刻畫那些名字
夕陽每日都輝煌而下
只有我
每天都像孤單鳥隻
啣著一片飄零的落花
飛向
淒涼的夜色中

你要再來嗎？

當我輕輕揮手
向梨山的煙雨
梨山的一切揮手道別
從沉沉的山谷間傳來
隱約的訊問
你要再來嗎
是從溪景從密境傳來
是從某人的內心深處傳來
是從伊甸園中
那粉紅鮮嫩的果子傳來
人人都企盼成為亞當
深入園中去尋找
而那問訊仍隱約
隱約在山與山的起伏連綿間
若有若無的傳來
你要再來嗎

2021.01.06《人間福報》副刊

東石漁人碼頭

從口湖南下
沿著 61 號快速公路
沿著西濱南下
在一個右線出口
轉到漁港公路
我開始強烈恍惚
走錯路
應該沒有
而漁港路兩旁的魚塭
疏鬆的民家
仍然存在
路變得寬大平坦
不再像從前小小田壠
我下車站在陽光中觀望
陸地並未消失成海
海也未攻上陸地
進入漁人碼頭
新建的蚵殼屋亮麗之姿迎我
常鬆蠡廊道婚紗攝影場景

歐洲地中海希臘建築
馬卡龍色調也讓我著迷
我真的彷彿到了歐洲
然而一股冷清感卻襲上全身
冷風吹著心中發問
為何只有我孤單前來
孤獨立在海堤上
整片大海中的蚵架
把我抬高起來
高到成為唯一的標杆

烏石港海岸

海浪一波波衝過來
把我青春的歲月
捲到眼前
那是枕戈待旦的日子
每日在金六結
對著太平洋打空包彈
報銷子彈數

有人輕誦著他達達的馬蹄
只是偶而路過葛瑪蘭平原
加州的陽光正在等他
為他照亮似錦前程

另一群渾渾噩噩的小子們
每天在橋牌王國
與豬耳朵和米酒之間
混日子數饅頭

海浪再次把這些推向遙遠

一個白髮老翁也來到海邊
以不解的眼光看了又看
為何那幢建築倒在海邊

從雲彩下飛過的燕子
已離開海岸
找到王謝堂前
築下完美的夢園

第四輯　隨想曲

隨想曲 之一

一群人在品酒論詩
另一群人在喝南美洲遠到的咖啡
又是聊著春天的花落
也兼及秋涼的炊煙
無所事事的午後

拿著手中的蘋果
想到童年流口水的年代
望向窗外剛好有隻小鳥飛過
穿著隨意打赤膊也行
只是一群人在一起的日子
衣著配件行頭竟是
成功與失敗的分野

《秋水詩刊》183 期

隨想曲 之二

艱難的日子只能忍著渡過
如同必須渡過生命中的無可奈何
高山峻嶺深圳峽谷
你把叢林撥開
把遍野的蘆葦砍倒
好多好多期待在障礙之後
有許多富賈高官緊閉宅門大院
把一些苦難送給外人
外人把無止境的喧囂向內送放
這就我眼見的一切，紛亂世間的一切
即將爆發某些事件的深沉記憶

隨想曲 之三

從海上來，渾身的魚腥味
和肉體的痛楚形成奇異變形
趕快找一個可以扭打可以擠壓
可以大大狂野獸吼
室內旋轉著黑紅黃綠藍的光
如同洪水衝破山崗越過峽谷
疫病在森林中蔓延
不是祈福時所禱告的豐收五穀
不是從舊墳中爬出來的遠祖可以救援
絕望的星光逐漸晦暗
不要說十五的圓月
就連一小片月牙也沒有
廟裡請來的符咒
雖接受大家膜拜的手
然拔過田裡枯萎的玉米
愛撫過飢餓而死的胴體
顫抖的手遂伸入沸水中
而不知疼痛

《秋水詩刊》183 期

隨想曲 之四

就在那一刻我才知
原來一切會在瞬間倒下
沒有山洪也沒有颶風
沒風沒搖倒大樹
在邪神與虛無間飄盪
原來夢不是五彩繽紛
竟是一連串錯愕的顏色
我開始調整睡眠的時間和藥量
如一張張即將回收的草稿
漂浮在藻荇不能孵化的魚卵
也沒有那一刻如醉倒山間的浪遊者
友人憂鬱的在旁守候
日月星辰人生歷練
都成了懶散的秋收
滿滿一穀倉的空
我的面容和村人相同
流不出淚的無言

隨想曲 之五

好大的潭面夢影叢叢
都在等待
一個和平的季節
等待一朵花開在臉上
等待茶泡好酒沽來
烤肉香陣陣
方圓數百里和暖薰風
有時一個笑話便有一陣爆笑
炸開
音樂輕輕飄著
在水面也在船四周
或許是江南的鷓鴣
也在夢中鳴叫
一行白鷺從山邊飛過
雲朵飄著玄機處處的禪

《秋水詩刊》184 期

隨想曲 之六

從歡聚中歸來
便見一輯一輯影帶
美如是星宿的光輝
在黯澹的夜閃著迷人的亮光
有些人世間的塵音雜念
早在山區的湖泊間釋放
那是一種無為無不為的片刻
某種意識的排除，更摒棄異樣的氣味
煩悶不在、恐懼不再
一種叫做詩的花叢悄悄生長
並且開放像古代穿唐裝的美人
眼神射落心空中的黑蝙蝠
靜定到像一種神蹟
從來一直不解的五蘊皆空
竟然如度一切苦厄到來
那本來被譏為迷信的意念
竟如一陣清晨的樂音
在屋簷懸掛的風信旗上響著

隨想曲 之七

茫然是我們對焦的鏡頭
空更是我們捕抓的意像
零亂的坐或臥，三或五人成群
汙濁的空氣，沒有秩序的訴說
瞄準的是或有或無飄忽的遠方旗幟
拿出命相學的古書冊再三翻閱
已經完全燒毀的時光
沒留下任何灰燼的無悔青春
最先變奏的是下沉的聲調
落差豈只是巍峨的山頂
和千丈懸崖瀑布
有一種無可奈何的情緒
靜坐如一座不動的寺廟
無論清晨或黃昏
白天或黑夜
電線上坐著一整排麻雀
譏笑吵鬧不停

隨想曲 之八

啊！我夢中的月光
那樣柔和無塵透明的白
在那樣的境界中我找到
那失落的羔羊
所有的辯難都在其間消失
緊握我的筆緩緩的以太極拳方式
輕輕一推一挪
即把心中的黑霧撥向光外的世界
一切賤我辱我損我禽獸般的啄我
都隨一種湧動的月光而去
不再躊躇不前
讓原訂計劃的建築仍依著藍圖
逐步將該除的草該犁的田
都在今夜完成
千古一夕的孤獨月光

《秋水詩刊》184 期

隨想曲 之九

一個和平溫暖的世界
一群人在演詩朗誦吟唱
一群人在品酒論述古往今來
一群人在喝咖啡聊著是也非也
天花板擺上一片藍天
窗外掛著幅幅青山綠水
牆上貼了許多剛剛完成的詩
晨起向上向外向牆壁敬禮
向自我敬禮
看了再看然後滿意的
大聲朗誦起來
按一下搖控
早已備好的喝采聲
從音箱中喧嘩了起來
人竟不知不覺
自我搖擺起來
滿意，真是滿意，至少
至少那真是一個假相的
昇平世界

隨想曲 之十

（佛說微塵眾，即非微塵眾）
碰碰車追趕著碰碰車
風追趕著風
忘我的青春，七十高齡小孩

（無受想行識，無耳鼻舌身意）
頑童樣的互相戲謔
嘲笑多年來的糗事
沒有貞女，也沒有聖人

（是人行邪道，不能見如來）
日子曾經霧過，朦朧過
一個明亮如鏡的湖在前方
一棵高大的楓香站在湖旁

（一切有為法，如夢幻泡泡影）
一朵高山玫瑰開在角落
時間在風中追趕著時間
無聲無息向前進

（如露亦如電，應做如是觀）
只有碰碰車的碰碰聲
夾著人們的嬉鬧聲
在人生的軌道上響著

《秋水詩刊》185 期

隨想曲 之十一

一條長河流經
遙遠的旅途
一路上彩繪出
具體與抽象的圖騰
你喜歡與不喜歡
它並不在意

一見鍾情或並不傾心
你所遇見人物品類
在自家欣賞庭園花草樹木
或外出享受歌舞歡樂

如同一生行事
做忠臣烈士
或叛逆奪權陰謀者
留下芳名或
臭名萬世
都像
花草樹木各自成長

光影虛實各自存在時空

短短幾十年人生
或聚或散
或沉或浮

都各自駕著生命的小舟
航行在一片茫茫海上
或迷或悟
即生即死

是抽象也很具體
畫出一幅多色彩的人生地圖

《秋水詩刊》185 期

隨想曲 之十二

仍是
那美好的繫念
神木的英姿
藤蔓的風華
梅花的疏影

若是
可以在園中造景
加上
幾塊奇石
那頹廢的老宅
就宜於
坐臥休憩

竹籬笆旁
加上
一些古甕
一座石磨
或破牛車

就會在炎夏
升起
清涼的泡泡
在寒冬
飄來
沁人心脾的梅香

寧願守著
那樣古式心境
騎著
破舊的鐵馬
穿行在
村子的小弄間
尋找
遺失了
好久的夢

《秋水詩刊》185 期

隨想曲 之十三

從小屋外望樹林
林中的鳥在啁啾
在窗前煑茶
茶具鳴叫
呼應
鳥的招喚

寫了一半的詩
掉在桌下
退回的稿件
丟棄字紙簍中
終於想通了
要返回
返回
破屋小窗的繭居
躲在那裡
大聲吟唱也不擾鄰

心中的霧

逐漸退散
一盞昏暗的油燈
竟光明起來
彷彿引導我
進入神秘花徑

跨過
人生的坡崁
還差一座
矮小的短橋
就通過
微弱可憐的圈圈
慣看
穿著布衣
遠離干戈的自己

《秋水詩刊》185 期

隨想曲 之十四

在
環山的步道蜿蜒
一段話語
不時在空中盤旋
疫情如野花
一片一片漫延
盛開的利劍
沒何物可擋
層層的關卡
皆被攻破

可曾
有誰
是她的情人
將她的
熱情冷凍

月影
隨著

大地的哀鳴
投射到
每一個人的身邊

只是
撫不平
已紛亂的心弦
一弦
一弦
崩
裂
憑弔
哀傷的夜晚

《秋水詩刊》185 期

隨想曲 之十五

輕唱著回想曲
你的悲傷和喜悅
都似身旁這條小溪
不斷的以迴旋和波濤呈現
躲在日子背後的光和陰影
清晨的微曦
或黃昏的暮靄
在露台上如電影院中的換片
啊，貝多芬的命運和英雄交響著
腦中也一再閃爍各種事件
於是勉強自己靜下心來
以藍墨水喧染一切
能記憶的也有遺忘的
往事如煙不易追捕
就讓它自自然然湊出
五彩繽紛的白天和黑夜

附　錄

宗教的呼召

—— 落蒂「隨想曲」略讀

余境熹

　　落蒂出版《大寒流》時，蕭蕭於序言裡說：「在眾多前輩詭譎的詩風中，眾多前輩響亮的名聲裡，如何脫穎而出，未嘗不是落蒂的另一個心理壓力」，其後落蒂也在《鯨魚說》中一再表現求名與灑脫的掙扎。以原型編派，落蒂前期各部詩集（不包括《煙雲》）主寫遨遊，縱有現世憤激，也在大自然的無盡藏裡稀釋淡化，耳得目遇，心靈坦蕩，其時最接近天真率性的「嬰孩」；到了《大寒流》，忽然有在詩壇「稱斤論兩」之說，於是落蒂彷彿被推上戰場，成為「鬥士」；「鬥士」與落蒂的本質並不咬合，於是《鯨魚說》的他成為「流浪者」，給讀者看見另覓道路的徬徨與超越。

　　後《鯨魚說》時代，落蒂能否成為「魔法師」，尚待觀察。但其近作顯然擺脫了「鬥士」的不安，走上了另一條道路，這種轉向的印跡宣告著「流浪者」姿態的暫時收束，開啓了全新的可能。以載於《秋水詩刊》第 184 期的「隨想曲」系列其五至其八為例，〈隨想曲之五〉謂：「好大的潭面夢影叢叢 / 都在等待 / 一個和平的季節 / 等待一朵花開在臉上 / 等待茶泡好酒沽來 / 烤肉香陣陣 / 方圓數百里和暖薰風 / 有時一個笑話便有一陣爆笑 / 炸開 / 音樂輕輕飄著 / 在水面也在船四周 / 或許是江南的鷓鴣 / 也在夢中鳴叫 / 一行白鷺從山邊飛過 / 雲朵飄著玄機處處的禪」。

　　落蒂表示，詩界之「名」猶如「潭面夢影」，水月鏡花，本不應硬索強求。想通了的他至是回歸「和平的季節」，恢復「一朵花開在臉上」的笑容，心底飄漾「和暖薰風」，連外境也隨之而轉，聽「笑話」便咧嘴「爆笑」，不必以為是含沙射影；而詩的「音樂」繼續「輕輕」而奏，四周物各安其所，「雲在青天水在瓶」的禪思，在詩行間變成水圍船舶、鳥鳴鳥飛，以「雲朵飄著玄機處處的禪」作結，確也方便讀者一同參悟。

　　緊接著的〈隨想曲之六〉則是揉合佛道二家：「從歡聚中歸來 / 便見一輯一輯影帶 / 美如是星宿的光輝 / 在黯澹的夜閃著迷人的亮光 / 有些人世間的塵音雜念 / 早在山區的湖泊間釋放 / 那是一種無為無不為的片刻 / 某種意識的排除，更摒棄異樣的氣味 /

煩悶不在、恐懼不再 ／ 一種叫做詩的花叢悄悄生長 ／ 並且開放像古代穿唐裝的美人 ／ 眼神射落心空中的黑蝙蝠 ／ 靜定到像一種神蹟 ／ 從來一直不解的五蘊皆空 ／ 竟然如度一切苦厄到來 ／ 那本來被譏為迷信的意念 ／ 竟如一陣清晨的樂音 ／ 在屋簷懸掛的風信旗上響著」。

　　前半首的道家意味甚濃，如《老子》所言：「為學日益，為道日損。損之又損，以至於無為。無為而無不為。」落蒂若陷於在詩壇「稱斤論兩」、與人角力的泥沼之中，專務競勝，則其離開創作初衷反而愈遠。幸好，他讓身心皆回歸自然，在「山區的湖泊」前摒卻種種「塵音雜念」，「排除」掉鬥爭的「意識」，從較量短長的「煩悶」、「恐懼」中「釋放」出來，不僅感到重拾真我、消弭「異樣」，甚至體悟到《老子》「道常無為而無不為」的真理——「詩的花叢」在心靈純淨的時刻自然會「悄悄生長」，不必強求。通過與道冥合，落蒂重踏上自己喜愛的詩道，不至受比拼的念頭迷惑而有所偏離。

　　〈隨想曲之六〉的後半，落蒂以道家之悟催動佛法修行。他自言本來不諳佛理，「一直不解」何謂「五蘊皆空」，但對「無為」的掌握讓他得以「靜定」細參。忽然間，他像經歷「神蹟」，因頓悟爭競虛無而深契於《心經》「度一切苦厄」的舒釋之境中。詩的結尾，落蒂不忘評論道：「那本來被譏為迷信的意念 ／ 竟如一陣清晨的樂音 ／ 在屋簷懸掛的風信旗上響著」，明示

佛理對他安頓身心確有實效。當然，善於聯想的讀者還能從「風信旗」認出《六祖壇經》「不是風動，不是幡動，仁者心動」的典故——若識自本心，外界的「稱斤論兩」便不足搖撼落蒂了。

接下來，〈隨想曲之七〉寫的是世俗閒言的反撲：「茫然是我們對焦的鏡頭 / 空更是我們捕抓的意象 / 零亂的坐或臥，三或五人成群 / 汙濁的空氣，沒有秩序的訴說 / 瞄準的是或有或無飄忽的遠方旗幟 / 拿出命相學的古書冊再三翻閱 / 已經完全燒毀的時光 / 沒留下任何灰燼的無悔青春 / 最先變奏的是下沉的聲調 / 落差豈只是巍峨的山頂 / 和千丈懸崖瀑布 / 有一種無可奈何的情緒 / 靜坐如一座不動的寺廟 / 無論清晨或黃昏 / 白天或黑夜 / 電線上坐著一整排麻雀 / 譏笑吵鬧不停」。

詩中「飄忽的遠方旗幟」乃喻指文學史上的地位，落蒂寫作大半生，對能否傳名後世卻感到「茫然」，甚至自謂多年辛勤，最終只「捕抓」了「空」。既然這樣，已白白「燒毀的時光」不是太多了嗎？整段「青春」，又如何談得上是「無悔」呢？眼見與成名詩家有著彷如「巍峨山頂」和「千丈瀑布」的「落差」，落蒂不禁生起「無可奈何的情緒」，連素日熱愛歌詩的聲帶也變得「下沉」瘖啞。運用在〈隨想曲之六〉的領悟，落蒂原想「靜坐如一座不動的寺廟」，像法海鎮壓白娘子般，以佛法遏止求名之望；只可惜，評頭品足的旁人恰似是電線上的「一整排麻雀」，不管晨曦黃昏、白晝

黑夜，他們始終聒噪不休，時時「譏笑」著落蒂，激盪起後者內心的「吵鬧」聲，令落蒂難以維持心靈的清淨　。

　　轉入〈隨想曲之八〉，落蒂另取基督宗教為援，再次與心魔對抗：「啊！我夢中的月光 ╱ 那樣柔和無塵透明的白 ╱ 在那樣的境界中我找到 ╱ 那失落的羔羊 ╱ 所有的辯難都在其間消失 ╱ 緊握我的筆緩緩的以太極拳方式 ╱ 輕輕一推一挪 ╱ 即把心中的黑霧撥向光外的世界 ╱ 一切賤我辱我損我禽獸般的啄我 ╱ 都隨一種湧動的月光而去 ╱ 不再躊躇不前 ╱ 讓原訂計劃的建築仍依著藍圖 ╱ 逐步將該除的草該犁的田 ╱ 都在今夜完成 ╱ 千古一夕的孤獨月光」。

　　篇中的「羔羊」象徵耶穌基督（Jesus Christ），落蒂雖曾一度「失落」了祂，但到在文壇遭遇低潮時，他卻重新「找到」了祂，並在「羔羊」的「柔和」、「無塵」、「透明」裡，得到身心的安歇，以致能夠渾然忘卻「所有的辯難」、「一切賤我辱我損我」的譏嘲，以及「禽獸般啄我」的攻擊──〈隨想曲其七〉的「麻雀」絮叨在基督的光裡儼如「消失」　。

　　值得留意的是，落蒂曾認真閱讀耶穌基督後期聖徒教會的經典《摩爾門經》（The Book of Mormon），並嘗手抄〈尼腓一書〉（"First Book of Nephi"）。〈隨想曲之八〉意象繁多，其中除「羔羊」見於〈尼腓一書〉外，「夢」、「黑霧」等亦莫不與該經卷有關。具體言之，〈尼腓一書〉八章所載李海（Lehi）的「夢」中，許

多想要摘生命樹果子吃的人因被「黑霧」障目而迷失——落蒂說的「把心中的黑霧撥向光外的世界」，實指排除使人不專注的、來自魔鬼的迷惑，重拾內裡之平安。

　　此外，李海的「夢」中，不少吃下生命樹果子的人因受到居於廣廈的傢伙嘲笑，耐不住被「賤」、被「辱」，竟然就轉身離開了生命樹。面對「黑霧」、嘲諷，李海曾在「夢」裡看見一根象徵神話語、通向生命樹的鐵桿，唯有那些按「原訂計劃」、緊握著鐵桿的人能夠「找到」並待在樹下，不致誤入歧途甚或溺斃在河中。是以，落蒂說要「讓原訂計劃的建築仍依著藍圖」，不離神的話而前行，就不必畏怕風言風語。特別的是，落蒂將「原訂計劃」和「建築」相聯，這是因為據李海的「夢」，嘲笑者身處的廣廈乃是浮於空中的，象徵他們狂妄、驕傲，不跟從神的「藍圖」。

　　綜合以上，〈隨想曲之八〉的落蒂乃是以基督為助力，安慰、安定被「麻雀」日夜「譏笑」、「吵鬧」不停的內心。內心既得安穩，落蒂遂「不再躊躇不前」，可以專情地料理自己的詩園。就詩藝而言，「該除的草」可指需刪削的文辭，「該犁的田」可指應經營的題材；就心態來說，「該除的草」又可指劉爭強鬥勝的妄念，而「該犁的田」則指順著初心、沿著一己的詩道寫出作品。

　　落蒂自言，這些「都在今夜完成」，「夜」是指暮年；詩末一輪「孤獨月光」並不淒涼，落蒂倒是可喜

有屬於自己的寂寥時空，認清本來面目，可以不管外間紛紜——如「麻雀」之類，專力在所至愛的詩之上。

　　總的來說，落蒂自《大寒流》開始有了「稱斤論兩」的焦慮，到《鯨魚說》這種無奈更為明顯，而發表於《鯨魚說》出版後的一系列「隨想曲」作品，則透露其人借重宗教力量以平伏心潮，嘗試消除因身後名有無而引起的不安。復以原型編派，呼喊神靈之助可以是「孤兒」狀態的表現；對宗教深思，則為「流浪者」之昇華；而身體力行扶持他人的，便屬「殉道者」之列。落蒂穿梭於不同信仰體系，這三型當積累更多經驗，再加上其此前的「嬰孩」、「鬥士」履歷，或許能讓他兌變成圓融的「魔法師」——老驥伏櫪，詩心未已，其新作著實讓人期待。

後　記

一

　　那天去找彭正雄兄閒聊，他拿著結婚六十周年的慶祝活動照片，及光榮受頒獎狀的記錄給我欣賞，我羨慕至極！彭兄一生，在出版、婚姻、教育子女上，均有輝煌成績，太佩服了！我提到自己也已結婚快五十年，彭大哥立刻表示要為我出一本慶賀詩集，讓我十分感謝！內人也姓彭，是以由彭家大老主持一切，十分妥當！

二

　　於是回來翻箱倒櫃找出昔日在日記中斷斷續續寫的〈給靜帆的詩三十貼〉，那是她幾十年來安撫我受創心靈的記錄，那時剛入大學，年輕不懂事，為救一位同學，只提了一句：蔣公丟掉大陸都可以帶領我們…竟然被說成：污衊國家元首的滔天大罪，還好一位辦人二的老師極力奔走才沒事，那位老師是鳥蟲體書法家趙慕鶴大師，享壽108歲，福有福報。他說：有俠客精神，也要有俠客本事，我到老一直未能體悟！有

一首詩〈旗津海岸〉是那年留下的印記！而那陰影一直纏繞著我，只有靜帆一直用無比的耐心撫慰，那些就留在我的日記中，如今整理出來，做為紀念。

三

　　加上一些平時雜感及旅遊各地的心情記錄，勉強整理出四輯詩來交給彭大哥，感謝他的幫忙！

四

　　本書定名為《時光問答》，乃是因為已年過七十，每日時間都在對我發問，每日都會以行動回應。而這樣的問答，就形成了詩表現出來。不論詩中說什麼？都是我真實的心情。

五

　　我一輩子從事教職，職業慣性常好為人師，因此早年寫了很多詩賞析，最怕人看不懂詩敬而遠之，因此我的詩也力求明朗易懂，不浪費工商業社會繁忙時代的人的寶貴時間。希望大家喜歡，也感謝你的閱讀！